CW01431''94

1

Contents

Prologue

This phrasebook will provide you with the most important survival Greek words and phrases. It is addressed not only to those who wish to visit Greece or Cyprus but also to anyone who would like to learn basic Greek in general. Knowing how to read Greek is not necessary, since every single word and phrase is also spelled with English letters. In this way, everyone can pronounce correctly and easily the Greek words.

Apart from the very basic words and phrases, in this book, you will also find words and phrases that can be used in specific contexts, such as ordering at the restaurant, shopping at the supermarket, and booking a room at the hotel reception, among others. For a better understanding of the Greek way of speaking, every group of words or phrases that belong to the same context can be found in real-life dialogue texts. For the lovers of foreign language learning, there are questions and exercises after every text.

How to use this book: Everyone that plans to visit Greece or Cyprus can use this book to have small dialogues with the locals in various situations so that they can come one step closer with the people around them. Furthermore, you will find this book useful in case you want to speak Greek while having dinner at the Greek restaurant of your neighborhood, drinking ouzo at a Greek bar in your city or if you simply want to speak Greek with your Greek friends or relatives.

Last but not least, you can use this phrasebook to learn how to read Greek and to form a small basis from which you can start your journey of learning Greek!

Το αλφάβητο (the alphabet):

A, α	Alpha, sounds like a in **a**pple
B,β	Vita, sounds like v in **v**ice
Γ,γ	Gama, sounds like y in **y**ear
Δ,δ	Delta, sound like th in fa**th**er
E,ε	Epsilon, sounds like e in p**e**rmanent
Z,ζ	Zita, sounds like z in **z**oo
H,η	Ita, sounds like i in **i**t
Θ,θ	Thita, sounds like th in **th**eory
I,ι	Yota, sounds like i in **i**t
K,κ	Kappa, sounds like k in **k**ilo
Λ,λ	Lamda, sounds like l in **l**ife
M,μ	Mi, sounds like m in **m**other
N,ν	Ni, sounds like n in **n**ew
Ξ,ξ	Ksi, sounds like x in ta**x**i
O,o	Omikron, sounds like o in n**o**t
Π,π	Pi, sounds like p in **p**lay
P,ρ	Ro, sounds like r in **r**ight
Σ,σ,ς	Sigma, sounds like s in **s**um
T,τ	Taf, sounds like t in **t**iger
Y,υ	Ypsilon, (usually) sounds like i in **i**t
Φ,φ	Fi, sounds like f in **f**ire
X,χ	Hi, sounds like h in **h**ero
Ψ,ψ	Psi, sounds like ps in ti**ps**y
Ω,ω	Omega, sound like o in n**o**t

Δίγθογγοι (diphthongs)

αι	sounds like e in p**e**rmanent
ει	sounds like i in **i**t
οι	sounds like i in **i**t
αυ	before γκ,κ,ξ,π,σ,τ,φ,χ sounds like af in **af**ter and before vowel or β,γ,δ,λ,μ,ν,ρ sounds like av in **av**erage
ευ	before γκ,κ,ξ,π,σ,τ,φ,χ sounds like ef in **ef**fort and before vowel or β,γ,δ,λ,μ,ν,ρ sounds like ev in **ev**er
ου	sounds like oo in f**oo**d
γκ	sounds like g in **g**ame
γγ	sounds like g in **g**ame
ντ	sounds like d in **d**ear
τσ	sounds like ch in **ch**art
τζ	sounds like j in **j**ungle
μπ	sounds like b in **b**rother

How to read Greeklish in this book:

A, α	a
B, β	v
Γ, γ	gh
Δ, δ	dh
E, ε	e
Z, ζ	z
H, η	i
Θ, θ	th
I, ι	i
K, κ	k
Λ, λ	l
M, μ	m
N, ν	n
Ξ, ξ	ks
O, o	o
Π, π	p
P, ρ	r
Σ, σ, ς	s
T, τ	t
Y, υ	i
Φ, φ	f
X, χ	h
Ψ, ψ	ps
Ω, ω	o
αι	e
ει	i
οι	i
αυ	av or af
ευ	ev or ef
ου	u
γκ	g
γγ	g
ντ	d
τσ	ch
τζ	j
μπ	b

The stress/accent:

Whenever you see the symbol «'» above a vowel in Greek means that you have to emphasize, to stress, that vowel when you speak. In the Greeklish parts of this book you will find this symbol as ó , í , é , ú or á .

The basics:

καλημέρα = kaliméra = good morning

καλησπέρα = kalispéra = good evening

καληνύχτα = kaliníhta = good night

γειά σου = ghiá su = hi / goodbye

παρακαλώ = parakaló = please / you are welcomed

ευχαριστώ = efharistó = thank you

ευχαριστώ πολύ = efharistó polí = thanks a lot

συγγνώμη = sighnómi = I am sorry

ναι = ne = yes

όχι = óhi = no

εντάξει = edáksi = ok

εἶμαι = íme = I am

θέλω = thélo = I want

ἔχω =ého = I have

κάνω = káno = I do

τι κάνεις; = ti kánis? = How are you? (singular, friendly form)

τι κάνετε; = ti kánete? = How are you? (plural, polite form)

πώς σε λένε; = pós se léne? = What´s your name? (singular, friendly form)

πώς σας λένε; = pós sas léne? = What´s your name? (plural, polite form)

από πού είσαι; = apó pú íse? = Where are you from? (singular, friendly form)

από πού είστε; = apó pú íste? = Where are you from? (plural, polite form)

πού μένεις; = pú ménis? = Where do you live? (singular, friendly form)

πού μένετε; = pú ménete? = Where do you live? (plural, polite form)

πόσων χρονών είσαι; = póson hronón íse? = How old are you? (singular, friendly form)

πόσων χρονών είστε; = póson hronón íste? = How old are you? (plural, polite form)

How to respond to "τι κάνεις; = ti kánis?= how are you?"

Είμαι καλά = íme kalá = I am fine
Είμαι έτσι και έτσι = íme échi ke échi = I am so and so

Δεν είμαι καλά = dhen íme kalá = I am not well

How to respond to "από πού είσαι; = apó pú íse? = where are you from? "

Είμαι από την Αμερική = íme apó tin Amerikí = I am from the US

Είμαι από την Αγγλία = íme apó tin Aglia = I am from England

Είμαι από τον Καναδά = íme apó ton Kanadhá = I am from Canada

Είμαι από την Ισπανία = íme apó tin Ispanía = I am from Spain

Είμαι από την Γερμανία = íme apó tin Ghermanía = I am from Germany

Είμαι από την Γαλλία = íme apó tin Ghalía = I am from France

Είμαι από το Μεξικό = íme apó to Meksikó = I am from Mexico

Είμαι από την Ινδία = íme apó tin Indhia = I am from India

Είμαι από την Βραζιλία = íme apó tin Vrazilía = I am from Brazil

Είμαι από την Ιαπωνία = íme apó tin Iaponía = I am from Japan

Είμαι από την Αυστραλία = íme apó tin Afstralía = I am from Australia

Είμαι από την Ιταλία = íme apó tin Italía = I am from Italy

Είμαι από την Ολλανδία = íme apó tin Olandhía = I am from the Netherlands

Numbers (0 – 100)

μηδέν = midhén = 0

ένα = éna = 1

δύο = dhío = 2

τρία = tría = 3

τέσσερα = tésera = 4

πέντε = péde = 5

έξι = éksi = 6

εφτά (επτά) = eftá (eptá) = 7

οχτώ (οκτώ) = ohtó (októ) = 8

εννιά (εννέα) = eniá (enéa) = 9

δέκα = dhéka = 10

έντεκα = édeka = 11

δώδεκα = dhodheka = 12

δεκατρία = dhekatría = 13

δεκατέσσερα = dhekatésera = 14

δεκαπέντε = dhekapéde = 15

δεκαέξι = dhekaéksi = 16

δεκαεφτά = dhekaeftá = 17

δεκαοχτώ = dhekaohtó = 18

δεκαεννιά = dhekaeniá = 19

είκοσι = íkosi = 20

εἴκοσι ἑνα = íkosi éna = 21

εἴκοσι δύο = íkosi dhío = 22

…

τριάντα = triáda = 30

τριάντα ἑνα = triáda éna = 31

τριάντα δύο = triáda dhío = 32

…

σαράντα = saráda = 40

σαράντα ἑνα = saráda éna = 41

σαράντα δύο = saráda dhío = 42

…

πενήντα = penída = 50

πενήντα ἑνα = penída éna = 51

πενήντα δύο = penída dhío = 52

…

εξήντα = eksída = 60

εξήντα ἑνα = eksída éna = 61

εξήντα δύο = eksída dhío = 62

…

εβδομήντα = evdhomída = 70

εβδομήντα ἑνα = evdhomída éna = 71

εβδομήντα δύο = evdhomída dhío = 72

…

ογδόντα = oghdhóda = 80

ογδόντα ένα = oghdhóda éna = 81

ογδόντα δύο = oghdhóda dhío = 82

...

ενενήντα = enenída = 90

ενενήντα ένα = enenída éna = 91

ενενήντα δύο = enenída dhío = 92

...

εκατό = ekató = 100

How to respond to the question "Πόσων χρονών είσαι; = Póson hronón íse? = How old are you?"

Είμαι _____ . = íme _____ . = I am (your age) .

Exercises:

1) Read the following words:

γειά

κάνεις

καλήμερα

εξήντα

καλά

2) Answer in Greek the following questions:

Τι κάνεις; _____

Πώς σε λένε; _____

Από που είσαι; _____

Πόσων χρονών είσαι; _____

Τι κάνετε; _____

Days of the week:

Δευτέρα = Dheftéra = Monday

Τρίτη = Tríti = Tuesday

Τετάρτη = Tetárti = Wednesday

Πέμπτη = Pémti = Thursday

Παρασκευή = Paraskeví = Friday

Σάββατο = Sávato = Saturday

Κυριακή = Kiriakí = Sunday

σαββατοκύριακο = savatokíriako = weekend

Parts of the day

πρωί = prói = morning

μεσημέρι = mesiméri = noon

απόγευμα = apóghevma = afternoon

βράδυ = vrádhi = evening

νύχτα = níhta = night

The 4 seasons:

χειμώνας = himónas = winter

άνοιξη = ániksi = spring

καλοκαίρι = kalokéri = summer

φθινόπωρο = fthinóporo = autumn

Months:

Ιανουάριος = Ianuários = January

Φεβρουάριος = Fevruários = February

Μάρτιος = Mártios = March

Απρίλιος = Aprílios = April

Μάιος = Máios = May

Ιούνιος = Iúnios = June

Ιούλιος = Iúlios = July

Αύγουστος = Ávghustos = August

Σεπτέμβριος = Septémvrios = September

Οκτώβριος = Októvrios = October

Νοέμβριος = Noémvrios = November

Δεκέμβριος = Dhekémvrios = December

How to respond to "Τι μέρα είναι σήμερα; = Ti méra íne símera? = What day is today?"

Σήμερα είναι _____ = símera íne _____ = Today is _____ *the name of the day* ____

How to respond to " Τι μήνα έχουμε; = ti mína éhume? = What month is it? "[1]

Είναι _____ = Íne _____ = Is __the name of the month____

_____

[1] The exact translation from Greek is "What month do we have?"

Exercises

1) Answer the questions:

1) Τι μέρα είναι σήμερα;   _____

2) Τι μήνα έχουμε;   _____

2) Write all days of the week in Greek

3) Write all months in Greek

Money

λεφτά = leftá = money

κέρμα = kérma = coin

χαρτονόμισμα = hartonómisma = banknote

ευρώ = evró = euro

λίρα = líra = pound

δολάριο = dholário = dollar

λεπτά = leptá = cents

μετρητά = metritá = cash

κάρτα = kárta = card

κατάθεση = katáthesi = disposal

ανάληψη = análipsi = withdrawal

λογαριασμός = logharismós = account/bill

απόδειξη = apódhiksi = receipt

φιλοδώρημα = filodhórima = tip

πληρώνω = pliróno = I pay

πόσο κάνει; = póso káni? = how much is it?

πόσο έχει; = póso éhi? = how much is it?

ρέστα = résta = change

The weather

ο καιρός = o kerós = the weather

η θερμοκρασία = i thermokrasía = the temperature

ήλιος = ílios = sun

έχει ήλιο = éhi ílio = it is sunny

έχει σύννεφα = éhi sínefa = it is cloudy

βρέχει = vréhi = it rains

έχει αέρα = éhi aéra = it is windy

τι καιρό έχει; = ti keró éhi? = what is the weather like?

κάνει ζέστη = káni zésti = it is hot

κάνει κρύο = káni krío = it is cold

βαθμοί Κελσίου = vathmí Kelsíu = Celsius degrees

πόσους βαθμούς έχει; = pósus vathmús éhi? = how many degrees?

πρόγνωση του καιρού = próghnosi tu kerú = weather forecast

καύσωνας = káfsonas = scorching heat

κακοκαιρία = kakokería = bad weather

σήμερα έχει πολύ καλό καιρό = símera éhi polí kaló keró = today the weather is very nice

Asking and giving directions

δεξιά = dheksiá = right

αριστερά = aristerá = left

πίσω = píso = behind

μπροστά = brostá = in front of

δίπλα = dhípla = next to

στη γωνία = sti ghonía = at the corner

ευθεία = efthía = straight ahead

στο φανάρι = sto fanári = at the traffic light

μακριά = makriá = away

κοντά = kodá = near

στρίβω = strívo = turn

στρίψτε αριστερά = strípste aristerá = turn left

στρίψτε δεξιά = strípste dheksiá = turn right

πηγαίνετε ευθεία = pighénete efthía = go straight ahead

στα δεξιά σας = sta dheksiá sas = on your right

στα αριστερά σας = sta aristerá sas = on your left

συγγνώμη, πως μπορώ να πάω στο ... ; = sighnómi, pos boró na páo sto ... ? = excuse me, how can I get to…?

At the hotel

ξενοδοχείο = ksenodhohío = hotel

καλώς ήρθατε = kalós írthate = welcome

ρεσεψιόν = resepsión = reception

δωμάτιο = dhomátio = room

νούμερο = número = number

κλειδί = klidhí = key

θέα = théa = view

θάλασσα = thálasa = sea

πισίνα = pisína = pool

γυμναστήριο = ghimnastírio = gym

εστιατόριο = estiatório = restaurant

πρωινό = proinó = breakfast

βραδινό = vradhinó = dinner

πιστωτική κάρτα = pistotikí kárta = credit card

μετρητά = metritá = cash

κρεβάτι = kreváti = bed

μπαρ = bar = bar

όνομα = ónoma = name

όροφος = órofos = floor

κράτηση = krátisi = reservation

βράδια = vrádhia = nights

πώς θα πληρώσετε; = pós tha plirósete? = how will you pay?

θα πληρώσω με... = tha pliróso me... = I will pay with...

πώς μπορώ να σας βοηθήσω = pós boró na sas voithíso? = how can I help you?

διαβατήριο = dhiavatírio = passport

ταυτότητα = taftótita = ID

τηλέφωνο = tiléfono = telephone

άφιξη = áfiksi = arrival

αναχώρηση = anahórisi = departure

θα μείνετε = tha mínete = you will stay

Text 1 (at the hotel)

A: Καλώς ήρθατε στο ξενοδοχείο «Καλημέρα». Πώς μπορώ να σας βοηθήσω; = Kalós írthate sto ksenodhohío "Kaliméra". Pós boró na sas voithíso?

B: Θέλω να κάνω μια κράτηση για ένα δωμάτιο παρακαλώ. = Thélo na káno mia krátisi ghia éna dhomátio parakaló.

A: Θέλετε θέα στην θάλασσα; = Thélete théa stin thálasa?

B: Ναι, παρακαλώ. = Ne parakaló.

A: Το όνομά σας παρακαλώ. = To onomá sas parakaló.

B: Άνταμ Μπράουν. = Ádam Bráun.

A: Πόσα άτομα; = pósa átoma?

B: Δύο. = Dhío.

A: Πότε θέλετε το δωμάτιο; = Póte thélete to dhomátio?

B: Την Τρίτη. = Tin Tríti.

A: Για πόσα βράδια θα μείνετε; = Ghia pósa vrádhia tha mínete?

B: Τρία βράδια. = Tria vrádhia.

A: Είναι 300€. Πώς θα πληρώσετε; = Íne 300€. Pos tha plirósete?

B: Με κάρτα. = Me kárta.

A: Ευχαριστώ. = Efharistó.

Exercises

1) Without looking at the translation at next page try to understand text 1.

2) True or false:[2]

 a) The name of the hotel is "Kalinihta".

b) The client wants a room with sea view.

c) The client wants a room for Thursday.

d) He will stay for three nights.

e) He will pay with a credit card.

---

[2] Answers can be found at the next pages.

Translation of text 1 (at the hotel)

A: Welcome to "Kalimera" Hotel. How can I help you?

B: I would like to make a reservation for a room please.

A: Do you want sea view?

B: Yes, please.

A: May I have your name, please?

B: Adam Brown.

A: How many persons?

B: Two.

A: When would you like (to book) the room?

B: On Tuesday.

A: How many nights would you like to stay?

B: Three nights.

A: That will be 300€. How will you pay?

B: With a (credit) card.

A: Thank you.

Answers (true or false)

a) False, the name is "kalimera"

b) True

c) False, he wants it for Tuesday

d) True

e) True

The three biggest islands of Greece are:

❖ Crete
❖ Euboea
❖ Lesvos

At the shop

ορίστε = oríste = here you are

μπλούζα = blúza = blouze

κάλτσα = kálcha = sock

φούστα = fústa = skirt

παντελόνι = padelóni = trousers

πουκάμισο = pukámiso = shirt

φόρεμα = fórema = dress

γραβάτα = ghraváta = tie

ζώνη = zóni = belt

τσάντα = cháda = bag

παπούτσι = papúchi = shoe

τι μέγεθος; = ti méghethos? = what (is your) size?

τι χρώμα; = ti hróma? = what colour?

μπορώ να την δοκιμάσω; = boró na tin dhokimáso? = can I try it on?

δοκιμαστήριο = dhokimastírio = dressing room

μεγάλος /μεγάλη = meghálos/megháli = big

μικρός /μικρή = mikros/mikrí = small

θα την αγοράσω = tha tin aghoráso = I will buy it

κάτι άλλο; = káti álo = anything else?

πόσο κάνει; = póso káni? = how much is it?

πόσο έχει; = póso éhi? = how much is it?

θα ήθελα = tha íthela = I would like

μαγαζί = maghazí = shop

ταμείο = tamío = cashier´s desk

φυσικά = fisiká = of course

πολύ = polí = very

εκεί = ekí = over there

λυπάμαι = lipáme = I´m sorry

The colours:

άσπρο = áspro = white

κόκκινο = kókino = red

κίτρινο = kítrino = yellow

μαύρο = mávro = black

πράσινο = prásino = green

πορτοκαλί = portokalí = orange

καφέ = kafé = brown

μπλε = ble = blue

ροζ = roz = pink

μοβ = mov = purple

Text 2 (at the shop)

A: Καλημέρα, θα ήθελα μία μπλούζα. = Kaliméra, tha íthela mia blúza.

B: Τι μέγεθος; = Ti méghethos?

A: Σαράντα τέσσερα. = Saráda tésera.

B: Τι χρώμα; = Ti hróma?

A: Κόκκινο. = Kókino.

B: Ορίστε. = Oríste.

A: Μπορώ να την δοκιμάσω; = Boró na tin dhokimáso?

B: Ναι, φυσικά. Το δοκιμαστήριο είναι εκεί. = Ne, fisiká. To dhokimastírio íne ekí.

A: Είναι πολύ μεγάλη. Μπορώ να δοκιμάσω το σαράντα δύο; = Íne polí megháli. Boró na dhokimáso to saráda dhío?

B: Ναι, ορίστε. = Ne, oríste.

A: Είναι πολύ καλή. Θα την αγοράσω. = Íne polí kalí. Tha tin aghoráso.

B: Κάτι άλλο; = Káti álo?

A: Έχετε μία καφέ ζώνη; = Éhete mia kafé zóni?

B: Όχι, λυπάμαι. Κάτι άλλο; = Óhi, lipáme. Káti álo?

A: Όχι, ευχαριστώ. Πόσο κάνει; = Óhi, efharistó. Póso káni?

B: Είναι δεκαπέντε ευρώ. = Íne dhekapéde evró.

Exercises

1) Without looking at the translation at next page try to understand text 2.

2) Write your favourite colour in Greek. _____

3) True or false:[3]

a) The client wants a blouse.

b) The client wants a green blouse.

c) The blouse is too small for the client.

d) The client also wants a bag.

e) The client will pay 15 €.

---

[3] Answers can be found at the next pages.

Translation of text 2 (at the shop)

A: Good morning, I would like a blouze.

B: What size are you?

A: 44.

B: What colour?

A: Red.

B: Here you are.

A: Can I try it on?

B: Yes, of course. The changing room is over there.

A: It´s very big. Can I try the 42 size?

B: Yes, here you are.

A: It´s very good. I will buy it.

B: Anything else?

A: Do you have a brown belt?

B: No, I´m sorry. Anything else?

A: No, thank you. How much is it?

B: It is 15€.

Answers (true or false)

a) True

b) False, she wants a red blouse

c) False, is too big

d) False, she also wants a belt

e) True

The three biggest cities of Greece are:

- Athens
- Thessaloniki
- Patras

APPETIZERS	MAIN DISHES
SPANAKOPITA (phyllo pastry filled with spinach, dill and feta cheese) 3.50€	**GYRO** (seasoned lamb and beef in a pita with cucumbers, tomato and tzatziki) 4.00€
TIROPITA (phyllo pastry filled with feta cheese) 3.00€	**CHICKEN SOUVLAKI** (marinated chicken topped with mushrooms and peppers, served with rice or potatoes) 10.00€
SKORDALIA (garlic and potato dip, served with fresh pita) 3.00€	**MOUSSAKA** (layers of eggplant, tomatoes, potatoes, and spiced ground lamb in a light sauce) 8.00€
TZATZIKI (yogurt, cucumber and garlic dip, served with fresh pita) 3.00€	**PASTITSIO** (Greek-style lasagna, with elbow macaroni, grounded beef and béchamel sauce) 8.00€
DOLMADES (rice stuffed grape leaves, served with fresh pita) 4.00€	

SOUPS & SALADS	DESSERTS
AVGOLEMONO (chicken broth with orzo, flavored with lemon and egg) 2.50€	**BAKLAVA** (honey-brushed phyllo stuffed with walnuts) 4.50€
GREEK SALAD (tomatoes, cucumbers, onions, peppers, feta cheese, olives and olive oil) 6.00€	**KARIDOPITA** (spiced walnut cake) 4.00€

Ορεκτικά = orektiká	Κυρίως πιάτα = kiríos piáta
Σπανακόπιτα = spanakópita 3.50€	Γύρος = ghíros 4.00€
Τυρόπιτα = tirópita 3.00€	Κοτόπουλο σουβλάκι = kotópulo suvláki 10.00€
Σκορδαλιά = skordhaliá 3.00€	
Τζατζίκι = jajíki 3.00€	Μουσακάς = musakás 8.00€
Ντολμάδες = dolmádhes 4.00€	Παστίτσιο = pastíchio 8.00€

Σούπες και σαλάτες = súpes ke salátes	Επιδόρπια = epidhórpia
Αυγολέμονο = avgholémono 2.50€	Μπακλαβάς = baklavás 4.50€
Χωριάτικη σαλάτα = horiátiki saláta 6.00€	Καρυδόπιτα = karidhópita 4.00€

At the restaurant

ποτήρι = potíri = glass

μαχαίρι = mahéri = knife

πιρούνι = pirúni = fork

κουτάλι = kutáli = spoon

χαρτοπετσέτα = hartopecheta = napkin

μπορώ να παραγγείλω; = boró na paragílo? = Can I order?

θα θέλατε = tha thélate = would you like

ορεκτικό = orektikó = appetizer

πιάτο = piáto = dish

κυρίως πιάτο = kiríos piáto = main dish

συγγνώμη = sighnómi = I'm sorry

τελείωσε = telíose = it is over (finished)

δεν πειράζει = dhen pirázi = it's ok

θα πείτε κάτι; = tha píite káti? = would you like something to drink?

μπύρα = bíra = beer

κρασί = krasí = wine

ούζο = úzo = ouzo (Greek alcoholic aniseed drink)

λογαριασμός = loghariasmós = bill

τον λογαριασμό παρακάλω = ton loghariasmó parakaló = the bill please

ορίστε = oríste = here you are

ρέστα = résta = change

κρατήστε τα ρέστα = kratíste ta résta = keep the change

καλή σας μέρα! = kalí sas méra! = have a nice day!

τραπέζι = trapézi = table

καρέκλα = karékla = chair

αλάτι = aláti = salt

πιπέρι = pipéri = pepper

ξύδι = ksídhi = vinegar

λάδι = ládhi = oil

Text 3 (at the restaurant)

A: Γεια σας, μπορώ να παραγγείλω; = ghia sas, boró na paraghílo?

B: Ναι, τι θα θέλατε; = Ne, ti tha thélate?

A: Θα ήθελα για ορεκτικό μια σπανακόπιτα και ένα τζατζίκι. Για κυρίως πιάτο θα ήθελα έναν γύρο παρακαλώ και μια χωριάτικη σαλάτα. = Tha íthela ghia orektikó mia spanakópita ke éna jajiki. Ghia kiríos piáto tha íthela énan ghíro parakaló ke mia horiátiki saláta.

B: Συγγνώμη, αλλά η σπανακόπιτα τελείωσε. Θέλετε κάτι άλλο; = Sighnómi, alá i spanakópita telíose. Thélete káti álo?

A: Δεν πειράζει, θα ήθελα μια τυρόπιτα. = Dhen pirázi, tha íthela mia tirópita.

B: Πολύ ωραία. Θα πιείτε κάτι; = Polí oréa. Tha piíte káti?

A: Ένα ούζο. = Éna úzo.

B: Ευχαριστώ πολύ. = Efharistó polí.

A: Τον λογαριασμό παρακαλώ. = Ton loghariasmó parakaló.

B: Ορίστε, είναι δεκαοχτώ ευρώ. = Oríste, íne dhekaohtó evró.

A: Ορίστε είκοσι ευρώ. Κρατήστε τα ρέστα. = Oríste íkosi evró. Kratíste ta résta.

B: Ευχαριστώ πολύ, καλή σας μέρα! = Efharistó polí, kalí sas méra!

Exercises

1) Without looking at the translation at next page try to understand text 3.

2) **True or false:**[4]

 a) The client will eat a spanakopita.

b) The client wants a Greek salad.

c) The client will drink wine.

d) The bill is twenty euros.

e) The client tips the waiter.

---

[4] Answers can be found at the next pages.

Translation of text 3 (at the restaurant)

A: Hello, may I order?

B: Yes, what would you like?

A: For appetizer I would like a spanakopita and a tzatziki. For main dish I would like a gyro please and a Greek salad.

B: I am sorry, but the spanakopita is over. Do you want anything else?

A: It's ok, I would like a tiropita.

B: Very well. Would you like something to drink?

A: One ouzo.

B: Thank you very much.

A: The bill please.

B: Here you are, it is 18 Euros.

A: Here you go, twenty Euros. Keep the change.

B: Thanks a lot, have a nice day!

Answers (true or false)

a) False, spanakopita is over.

b) True

c) False, he will drink ouzo.

d) False, it is eighteen euros.

e) True

The top three drinks that Greeks prefer are:

✓ Ouzo
✓ Tsipouro
✓ Wine

At the coffee shop

καφές = kafés = coffee

ζάχαρη = záhari = sugar

καλαμάκι = kalamáki = straw

ποτήρι = potíri = glass

καθίστε = kathíste = have a seat

τραπέζι = trapézi = table

καρέκλα = karékla = chair

κατάλογος = katáloghos = menú

λεπτό = leptó = minute

βεβαίως = vevéos = of course

έρχομαι = érhome = I am coming

σε λίγο = se lígho = in a minute

έτοιμη = étimi = ready

ελληνικός καφές = elinikós kafés = Greek coffee

γλυκός = ghlikós = sweet

μέτριος = métrios = medium

σκέτος = skétos = no sugar

κάτι άλλο = káti álo = anything else

μόνο = móno = just

αυτά = aftá = these

το γλυκό = to ghlikó = the sweet

μπορώ να πληρώσω; = boró na plíroso? = Can I pay?

κάρτα = kárta = card

μετρητά = metritá = cash

περάστε = peráste = pass

εδώ = edhó = here

εντάξει = edáksi = ok

μια χαρά = mia hará = everything ok

καλή σας μέρα = kalí sas méra = have a nice day

χυμός = himós = juice

τοστ = tost = grilled sandwich

ζαμπόν = zabón = ham

τυρί = tirí = cheese

παγωτό = paghotó = ice cream

φρέντο εσπρέσο = fredo espreso = freddo esperesso

σοκολάτα = sokoláta = chocolate

Text 4 (at the coffee shop)

A: Γεια σας. = Ghia sas.

B: Γεια σας. Παρακαλώ, καθίστε. = Gheia sas. Parakaló, kathíste.

A: Ευχαριστώ. Μπορώ να έχω έναν κατάλογο; = Efharistó. Boró naého énan katálogho?

B: Είναι στο τραπέζι. Ορίστε. = Íne sto trapézi. Oríste.

A: Α, ευχαριστώ. Μισό λεπτό παρακαλώ. = A, efharistó. Misó leptó parakaló.

B: Βεβαίως. Έρχομαι σε λίγο. = Vevéos. Érhome se lígho.

………………………………………………………………..

B: Είστε έτοιμη; = Íste étimi?

A: Ναι, θα ήθελα έναν ελληνικό καφέ μέτριο και έναν μπακλαβά. = Ne, tha íthela énan elinikó kafé métrio ke énan baklavá.

B: Πολύ ωραία. Θέλετε κάτι άλλο; = Polí oréa. Thélete káti állo?

A: Όχι, μόνο αυτά. = Óhi, móno aftá.

B: Ευχαριστώ. = Efharistó.

………………………………………………..

B: Ορίστε ο καφές σας και το γλυκό σας. = Oríste o kafés sas kai to glikó sas.

A: Μπορώ να πληρώσω με κάρτα; = Boró na pliróso me kárta?

B: Βεβαίως. Περάστε την κάρτα σας εδώ. = Vevéos. Peráste tin kárta sas edó.

A: Είναι εντάξει; = Íne edáxi?

B: Ναι, μια χαρά. Σας ευχαριστώ πολύ, καλή σας μέρα! = Ne, mia hará. Sas efharistó polí, kalí sas méra!

Exercises

1) Without looking at the translation at next page try to understand text 4.

2) **True or false:**[5]

 a) The client will eat baklava.

b) The client wants a Greek coffee without sugar.

c) The client will also drink a juice.

d) The client will pay in cash.

e) The client will pay with a credit card.

---

[5] Answers can be found at the next pages.

Translation of text 4 (at the coffee shop)

A: Hello.

B: Hello, please have a seat.

A: Thank you. Can I have a menu?

B: It is on the table. Here you go.

A: Ah, thanks. One minute please.

B: Of course. I am coming in a minute.

……………………………………………………..

B: Are you ready?

A: Yes. I would like a medium Greek coffee and a baklava.

B: Very well. Do you want anything else?

A: No, just these.

B: Thank you.

………………………………………………………………….

B: Here you are, your coffee and your sweet.

A: Can I pay with a card?

B: Of course. Pass your card from here.

A: Is it ok?

B: Yes, everything ok. Thank you very much, have a nice day!

Answers (true or false)

a) True

b) False, she wants a Greek coffee with medium sugar.

c) False, she will drink only a coffee.

d) False, she will pay with a credit card.

e) True

The three most famous Greek islands are:

- Mykonos
- Santorini
- Rhodes

On the boat

εισιτήρια = isitíria = tickets

καλό ταξίδι = kaló taksídhi = have a nice trip

λιμάνι = limáni = port

αναχώρηση = anahórisi = departure

άφιξη = áfiksi = arrival

θάλασσα = thálasa = sea

κατάστρωμα = katástroma = deck

καμπίνα = kabína = cabin

καπετάνιος = kapetános = captain

τι ώρα φτάνουμε στο ... ; = ti óra ftánume sto … ? = what time do we arrive at … ?

τι ώρα ανοίγει το εστιατόριο; = ti óra aníghi to estiatório ? = what time does the restaurant open?

βαλίτσα = valícha = suitcase

πλοίο = plío = boat

μπαρ του πλοίου = bar tu plíu = boat bar

νησί = nisí = island

γκαράζ του πλοίου = garaz tu plíu = car deck

επιβάτης = epivátis =passenger

απαγορεύεται το κάπνισμα = apaghorévete to kápnisma = smoking is forbidden (no smoking)

επιτρέπεται το κάπνισμα = epitrépete to kápnisma = smoking is allowed

σωσίβιο = sosívio = life jacket

ναυτία = naftía = seasickness

πλήρωμα = crew

γραφείο πληροφοριών = ghrafío pliroforión = information desk

υπάρχει εστιατόριο στο πλοίο; = ipárhi estiatório sto plío? = is there a restaurant on the boat?

εστιατόριο self-service = estiatório self-service = self-service restaurant

βορράς = vorás = north

ανατολή = anatolí = east

δύση = dhísi = west

νότος = nótos = south

απόγευμα = apóghevma = afternoon

δυστυχώς = dhistihós = unfortunately

Text 5 (on the boat)

A: Γεια σας, τα εισιτήριά σας παρακαλώ. = Ghia sas, ta isitíria sas parakaló.

B: Ορίστε. Τι ώρα φτάνουμε στην Κρήτη; = Oríste. Ti óra ftánume stin Kríti?

A: Στις οχτώ το απόγευμα. = Stis ohtó to apóghevma.

B: Ευχαριστώ. Πού είναι η καμπίνα μου; = Efharistó. Pu íne i kabína mu?

A: Είναι αριστερά από το εστιατόριο. = Íne aristerá apó to estiatório.

....

B: Συγγνώμη, υπάρχει εστιατόριο στο πλοίο; = Sighnómi, ipárhi estiatório sto plío?

A: Ναι, υπάρχει. Είναι στα αριστερά σας πίσω από το μπαρ του πλοίου. = Ne, ipárhi. Íne sta aristerá sas píso apó to bar tu plíu.

B: Ευχαριστώ. Επιτρέπεται το κάπνισμα στο εστιατόριο; = Efharistó. Epitrépete to kápnisma sto estiatório?

A: Δυστυχώς όχι. = Dhistihós óhi.

B: Οκ. Τι ώρα ανοίγει το εστιατόριο; = Ok. Ti óra anighí to estiatório?

A: Στις πέντε το απόγευμα. = Stis 5 to apóghevma.

B: Ευχαριστώ πολύ. = Efharistó polí.

....

A: Συγγνώμη, πού είναι το γραφείο πληροφοριών; = Sighnómi, pu íne to ghrafío pliroforión?

B: Στα δεξιά σας, δίπλα από το εστιατόριο. = Sta dheksiá sas, dhípla apó to estiatório.

A: Ευχαριστώ. = Efharistó.

Exercises

1) Without looking at the translation at next page try to understand text 5.

2) **True or false:**[6]

 a) They will arrive at Crete at 6pm.

b) There isn't a restaurant on the boat.

c) Smoking is not allowed at the restaurant.

d) Restaurant opens at 5pm.

e) Information desk is next to the restaurant.

---

[6] Answers can be found at the next pages.

Translation Text 5 (on the boat)

A: Hello, your tickets please.

B: Here you are. What time will we arrive at Crete?

A: At eight in the afternoon.

B: Thank you. Where is my cabin?

A: At the left side of the restaurant.

………………………………………………………..

B: Excuse me, is there any restaurant on the boat?

A: Yes, there is one. It is on your left, behind the boat bar.

B: Thank you. Am I allowed to smoke at the restaurant?

A: Unfortunately not.

B: Fine. What time does the restaurant open?

A: At five in the afternoon.

B: Thank you so much.

…………………………………………………………………………

A: Excuse me, where is the information desk?

B: On your right, next to the restaurant.

A: Thank you.

Answers (true or false)

a) False, they will arrive at 8pm.

b) False, there is a restaurant.

c) True

d) True

e) True

The three largest rivers in Greece are:

❖ Aliakmonas
❖ Acheloos
❖ Pineios

At the beach

παραλία = paralía = beach

υπάρχουν ξαπλώστρες; = ipárhun ksaplóstres? = are there sunbeds?

πόσοι είστε; = pósi íste? = how many persons are you?

άτομα = átoma = persons

μια ομπρέλα = mía obréla = one umbrella

ακριβώς = akrivós = exactly

καθίστε εδώ = kathíste edhó = you may sit here

τουαλέτα = tualéta = bathroom

δύο χυμούς πορτοκάλι = dhío himús portokáli = two orange juices

είμαστε εντάξει = ímaste edáksi = we are ok

στρώμα = stróma = mat

αντηλιακό = adiliakó = sun cream

άμμος = ámos = sand

ρακέτες = rakétes = rackets

μαγιό = maghió = swim suit

παντόφλες = padófles = flip flops

κοκτέιλ = koktéil = cocktail

πετσέτα = pechéta = towel

γυαλιά ηλίου = ghialiá ilíu = sunglasses

σωσίβιο = sosívio = float

μπρατσάκια = brachákia = armbands

οργανωμένη παραλία = orghanoméni paralía = organised beach

υπάρχει ναυαγοσώστης στην παραλία; = ipárhi navaghosóstis stin paralía? = is there a lifeguard at the beach?

υπάρχουν αχινοί στην παραλία; = ipárhun ahiní stin paralía? = are there sea urchins at the beach?

υπάρχουν ταβέρνες κοντά στην παραλία; = ipárhun tavérnes kodá stin paralía? = are there taverns closet o the beach?

πόσο κοστίζουν δύο ξαπλώστρες; = póso kostízun dhío ksaplóstres? = how much do two sunbeds cost?

τι water sports έχει εδώ; = ti water sports éhi edhó? = what water sports can we find here?

Text 6 (at the beach)

A: Καλημέρα. Υπάρχουν ξαπλώστρες; = Kaliméra. Ipárhun ksaplóstres?

B: Ναι. Πόσοι είστε; = Ne. Pósi íste?

A: Είμαστε τέσσερα άτομα. = Ímaste tésera átoma.

B: Θέλετε μια ομπρέλα και τέσσερις ξαπλώστρες; = Thélete mia obréla ke téseris ksaplóstres?

A: Ακριβώς. = Akrivós.

B: Καθίστε εδώ παρακαλώ. = Kathíste edhó parakaló.

A: Συγγνώμη, υπάρχει τουαλέτα στην παραλία; = Sighnómi, ipárhi tualéta stin paralía?

B: Ναι, στα δεξιά σας. = Ne, sta deksiá sas.

A: Ευχαριστώ πολύ. = Efharistó polí.

B: Θέλετε κάτι να πιείτε; = Thélete káti na piíte?

A: Ναι, δύο χυμούς πορτοκάλι και ένα ice tea λεμόνι. = Ne. Dhío himús portokáli ke éna ice tea lemóni.

B: Κάτι άλλο; = Káti állo?

A: Όχι, είμαστε εντάξει. Έχει water sports εδώ; = Óhi. Ímaste edáksi. Éhi water sports edhó?

B: Ναι, έχει. Στα αριστερά σας πίσω από το μπαρ. = Ne, éhi. Sta aristerá sas píso apó to bar.

A: Σας ευχαριστώ πολύ. = Sas efharistó polí.

Exercises

1) Without looking at the translation at next page try to understand text 6.

2) **True or false:**[7]

 a) The client wants 5 sunbeds.

b) The client wants 2 apple juices.

c) The client wants 1 lemon ice tea.

d) The client asks about water sports in the beach.

e) Waters sports are in front of the bar.

---

[7] Answers can be found at the next pages.

Translation of text 6 (at the beach)

A: Good morning. Are there any sunbeds?

B: Yes. How many persons?

A: We are four.

B: Do you want an umbrella and four sunbeds?

A: Exactly.

B: You can sit here please.

A: Excuse me, is there a WC at the beach?

B: Yes, on your right.

A: Thank you very much.

B: Do you want to drink something?

A: Yes, two orange juices and an lemon ice tea.

B: Anything else?

A: No, we are fine. Are there any water sports here?

B: Yes, there are. On your left, behind the bar.

A: Thank you very much.

Answers (true or false)

a) False, she wants 4 sunbeds.

b) False, she wants 2 orange juices.

c) True.

d) True.

e) False, water sports are behind the bar.

The three highest mountains in Greece are:

- Olympus
- Smolikas
- Kaimaktsalan

At the supermarket

μπισκότα = biskóta = biscuits

σαμπουάν = sabuán = shampoo

αφρόλουτρο = afrólutro = shower gel

οδοντόκρεμα = odhodókrema = toothpaste

σοκολάτα = sokoláta = chocolate

πατατάκια = patatákia = chips

κρουασάν = kruasán = croissant

δημητριακά = dhimitriká = cereal

γάλα = ghála = milk

μαρμελάδα = marmeládha = marmelade

γιαούρτι = ghiaúrti = yogurt

λαχανικά = lahaniká = vegetables

φρούτα = frúta = fruits

μήλο = mílo = apple

μπανάνα = banána = banana

αχλάδι = ahládhi = pear

καρπούζι = karpúzi = watermelon

πεπόνι = pepóni = watermelon

μακαρόνια = makarónia = pasta

μπαχαρικό = baharikó = spice

τυρί = tirí = cheese

ζαμπόν = zabón = ham

απορρυπαντικό = aporipadikó = detergent

τσίχλα = chíhla = gum

μπαταρία = bataría = battery

συγγνώμη που μπορώ να βρω … = sighnómi pu boró na vró … = excuse me, where can I find …

στον τρίτο διάδρομο = ston tríto dhiádromo = at the third aisle

διάδρομος = dhiádromos = aisle

ράφι = ráfi = shelf

ταμείο = tamío = checkout

έκπτωση = ékptosi = discount

πάω στο σούπερμαρκετ, θέλεις κάτι; = páo sto súpermarket, thélis káti? = I am going to the supermarket, do you want anything?

θα αγοράσω = tha aghoráso = I will buy

επίσης = epísis = also

How to prepare your own delicious Greek salad

αγγούρι = agúri = cucumber

ντομάτα = domáta = tomato

κρεμμύδι = kremídhi = onion

ελαιόλαδο = eleóladho = olive oil

πιπεριά = piperiá = pepper

ελιά = eliá = olive

ξύδι = ksídhi = vinegar

τυρί φέτα = tirí féta = feta cheese

ρίγανη = ríghani = oregano

αλάτι = aláti = salt

Cut two tomatoes, one cucumber, one onion and two peppers and put them in a big plate. Add Greek olive oil, salt, oregano and a little of vinegar. On the top, put (a big portion of) feta cheese and some olives. A little more olive oil on the top and your delicious Greek salad is ready!

Enjoy!

Text 7 (supermarket)

A: Πάω στο σούπερμακετ, θέλεις κάτι; = Páo sto súpermarket, thélis káti?

B: Ναι, θέλω ένα απορρυπαντικό και ένα αφρόλουτρο. = Ne, thélo éna aporipadikó ke éna afrólutro.

A: Οκ, θα αγοράσω επίσης μια σοκολάτα και πατατάκια. = Ok, tha aghoráso epísis mia sokoláta ke patatákia.

B: Α! Επίσης θέλω μια οδοντόκρεμα! = A! Epísis thélo mia odhodókrema.

A: Οκ, θα αγοράσω. = Ok, tha aghoráso.

....

(Στο σουπερμάκετ = sto supermáket)

A: Συγγνώμη, πού είναι τα απορρυπαντικά; = Sighnómi, pu íne ta aporipadiká?

B: Είναι στον τρίτο διάδρομο αριστερά, στο τρίτο ράφι. = Íne ston tríto dhiádromo aristerá, sto tríto ráfi.

A: Ευχαριστώ πολύ. Έχετε πατατάκια; = Efharistó polí. Éhete patatákia?

B: Ναι, είναι στα δεξιά σας. = Ne, íne sta dheksiá sas.

A: Έχουν έκπτωση; = Éhun ékptosi?

B: Ναι, τα πατατάκια έχουν έκπτωση. = Ne, ta patatákia éhun ékptosi.

A: Σας ευχαριστώ! = Sas efharistó!

Exercises

1) Without looking at the translation at next page try to understand text 7.

2) **True or false:**[8]

 a) She will buy a detergent.

b) She will buy two chocolates.

c) She won't buy chips.

d) Detergents are on the third aisle.

e) Chips are at a discount.

---
[8] Answers can be found at the next pages.

Translation of text 7 (supermarket)

A: I am going to the supermarket, do you want anything?

B: Yes, I want a detergent and a shower gel.

A: Ok, I will also buy a chocolate and chips.

B: Oh! I also want a toothpaste.

A: Ok, I will buy one.

....

(At the supermarket)

A: Excuse me, where are the detergents?

B: On the third aisle on the left, on the third shelf.

A: Thanks a lot. Are there any chips?

B: Yes, they are on your right.

A: Are they at a discount?

B: Yes, chips are at a discount.

A: Thank you!

Answers (true or false)

a) True

b) False, she will buy one.

c) False, she will buy chips.

d) True

e) True

Three famous ancient places in Peloponnese are:

o Sparta

o Olympia

o Mycenae

Printed in Great Britain
by Amazon